Dschalal ed-din Rumi
Die Sonne von Tabriz
Gedichte, Aufzeichnungen
und Reden übertragen
von Cyrus Atabay

Dschalal ed-din Rumi
Die Sonne von Tabriz
Gedichte, Aufzeichnungen und Reden
Ins Deutsche übertragen von Cyrus Atabay
Mit Graphiken von Winfred Gaul
Im Verlag Eremiten-Presse

Rumi
Gedichte aus dem Diwan
des Shamse-Tabrizi

Ein Seil will ich flechten,
ganz aus goldenen Atomen,
in der Luke dieses Hauses
bin ich der Seiltänzer des Lichts
im Taumel der Leidenschaft.

Die Ringe des Wahnsinns
wurden zu einer Kette,
zerreiße jene Kette!
Obschon ich dich anflehe,
übe kein Erbarmen,
überfalle die Karawane!
Trunken und beseligt und freudig
bin ich von dir,
schwanger von deinem Schrei:
wenn der trächtige Leib
nicht gebären kann,
zeihe ihn nicht der Schuld!
Kann sich der Himmel scheiden
vom drehenden Sterngewölbe?
Kann die Erde von ihrem Körper
die Erschütterungen scheiden?
Jener Fürst zeichnet eine Schrift,
unser Herz ist die Feder, das Schreiberohr
in seiner Hand!
Die Unbill, die wir von ihm erfahren,
ist uns ein Mal in seiner Hand:
wer jene Hand erreicht,
neigt sich nieder,
um jenes Mal zu küssen!

Wir, angehäuft wie die Ernte,
Korn und Stroh vermengt:
eilt herbei und trennt die Spreu vom Weizen,
denn es weht der Wind der Seele,
damit Trauer sich zur Trauer finde,
Freude sich mit Freude paare,
damit Lehm sich mit Lehm verbünde
und das Herz zum Himmel steige.

Alles, was dich erfreuen kann,
ist gerechtfertigt:
ich will nicht festsetzen,
was es sei.

Wer wartet auf den Windhauch?
Derjenige, der leichter als ein Windhauch ist.

Sei wie das Meer
voll Perlen
und bitteren Angesichts.

Wer nicht selbst
zum Spiegel wurde,
hat nie einen Spiegel erblickt.

Mach mit deiner Schönheit
die Freude schöner,
dem Leid und Kummer
gib Leid und Kummer.

Im Innern des Hauses
seines Herzens
steht die Säule
dieser säulenlosen Welt,
der es schwindelt
von euren Gedanken,
sonst wäre ruhend
diese ruhelose Welt.

Solang das Bild des Freundes
uns begleitet,
ist uns ein Anblick gewährt,
der uns erfreut durchs ganze Leben.
Wo das Herz Erfüllung findet,
ist ein Dorn
teurer als tausend Datteln.
Wenn wir an der Gasse des Freundes
uns niederlegen,
deckt uns die Milchstraße zu
mit ihrem Glanz.
Wenn wir uns in den Locken
des Freundes bergen,
sind wir würdig
des Jüngsten Gerichts.
Wenn sein Widerschein erstrahlt,
werden Berge und Erde
zu Brokat.
Wenn wir vom Wind
seinen Namen fragen,
ist im Wind
der Klang von Harfen und Schalmeien.
Wenn wir in Sand
seinen Namen zeichnen,
sprießt grüne Saat
auf jeder Handbreit Boden.
Wenn wir das Feuer
mit seinem Zauber beschwören,
ebnet sich das grimme Feuer
zum Quecksilberbach.
Was soll ich weiter sagen:
auch das Nichts
verwandelt sich in Leben,
wenn wir seinen Namen nennen.

Tausend Schlingen und Körner
sind hier ausgebreitet,
wir taumeln Vögeln gleich,
hilflos und begierig,
von einer Schlinge in die andere!
Auch wenn ein jeder von uns
ein Simurg oder ein Falke wäre,
den du jedesmal befreist:
wir würden erneut
zur Schlinge eilen, o Freier!
Wir bringen in diesen Speicher
das Getreide ein,
ach, die angehäufte Ernte
rinnt uns durch die Finger!

Tausend Nachtigallen
fallen mit ihren Liedern
in die stumme Welt:
wenn Düsternis auf der Fläche
deiner Seele liegt,
dann ist's der Zorn des Königs,
seine Sonne ist's, die die Schatten
des Vorwurfs auf jene Fläche wirft.
Doch wieder erläßt er ein Gebot
und schreibt es in Purpur und Grün,
um die Seelen
von Leid und Bedrängnis zu befreien,
die grüne und purpurne Schrift
des Frühlings: seinen Regenbogen.

Ich hab' gesagt, ich will's verschweigen,
doch will ich es nun sagen:
meine Treue ist anderer Art
als der Zeiten Treue!
Wenn Reue auf der ganzen Erde wüchse,
die Liebe würde sie wie Halme mähen!
In jenem unbegrenzten Meer ist eine Wonne,
daß selbst das Wasser dürstet
nach seinem Trunk!
Gott fand ein Heilmittel
für jedes Leiden,
die Qual der Liebe ist zu alt
für jegliche Arznei!
Und wenn es ein Gegenmittel gäbe,
wäre es denn deiner würdig?
Des Himmels Dach
ist nicht mit Stroh zu decken!

Den Freund sah ich heute,
dem alles zum Verdienst gereicht,
am Himmel nahm er seinen Weg
wie die Seele Mohammeds!
Ich sagte: «Zeig mir die Leiter,
damit ich zum Himmel steige.»
Er sagte: «Du selbst bist die Leiter,
du mußt auf deine eigene Schulter klettern:
wenn du dich meisterst,
sind dir die Sterne untertan!
Tausend Wege werden sich dir
am Himmel zeigen,
fliegen wirst du zu Morgenröten
wie ein Gebet!»

Wir gingen auf eine Reise ohne uns,
dort wurde unser Herz erweckt ohne uns!
Jener, der, dem Mond verwandt,
sein Gesicht vor uns verbarg,
spiegelte sein Angesicht in unserem ohne uns!
Als wir in der Trauer für den Freund
unser Leben ließen,
gebar uns die Trauer um ihn ohne uns!
Immerfort sind wir trunken ohne uns,
immerfort sind wir freudig ohne uns!
Ihr braucht euch unser nicht zu erinnern,
wir selbst sind das Gedenken ohne uns!
Die Türen waren alle für uns geschlossen,
als sie sich öffneten,
gaben sie den Weg frei ohne uns!

Brot ist der Erbauer
des Gefängnisses unseres Körpers,
Wein ist der Regen
für den Garten unserer Seele!
Das Tischtuch der Erde
habe ich abgeräumt,
öffne den Himmelskrug,
damit das Schweigen
jener stummen Welt entströme
und diese Welt
zum Tönen bringe!

Die treibenden Späne auf dem Meer
sind Gesänge,
Perlen treiben nicht auf dem Meer,
doch der Schimmer der Späne
stammt von den Perlen,
der ferne Glanz
bricht sich in ihnen.

Werde selbst zum Sonnenaufgang,
dann werden, wohin du gehst,
die Wege günstig sein,
dann werden, wohin du gehst,
die Orte im Osten liegen,
die Osten werden in die Westen sich verlieben.

Es dauert seine Frist,
bis sich das Blut in Milch verwandelt:
solang dein Schicksal
nicht sein Kind gebiert,
wird sich das Blut
nicht in süße Milch verwandeln.

Das Licht besteht
auch neben der gemeinen Welt,
neben den Bächen aus Blut
fließt der klare Bach –
ein einziger, unbedachter Schritt genügt,
daß sich der reine Sinn
mit Blut vermengt.

Als einen umfassenden Spiegel
der Ewigkeit begreife ich dich,
ich sehe in deinem Auge
mein eigenes Bild
und sage mir: nun hab' ich endlich
mich gefunden,
in deinem Augenpaar fand ich
einen hellen Weg,
mein Bild ruft mir zu
aus deinem Auge,
daß ich du bin,
du ich, vereinigt immerdar.

Ihr Wünsche meines Herzens, kommt,
                    o kommt,
Gefährte und Ernte meines Herzens, komm,
                    o komm,
verstrickt und wirr bin ich wie dein Haar,
                    dein Haar,
komm, Löser meines Rätsels, komm,
                    o komm,
sprich nicht vom Weg und von Karawansereien,
du bist der Weg und die Karawanserei, komm,
                    o komm,
du hast eine Handvoll Lehm von der Erde genommen,
ich bin mit jenem Lehm vermengt, komm,
                    o komm,
solang ich noch von Gut und Böse weiß,
habe ich deine Schönheit nicht ergründet, komm,
                    o komm,
solang nicht in deiner Liebe mein Verstand vergeht,
bin ich nicht wissend, doch verblendet, komm,
                    o komm!

O Bruder,
durchwandere den Schlaf
in der dunklen Nacht
wie die Gestirne,
denn in der Nacht
mußt du das Vaterland
des verborgenen Gefährten suchen!

Geht, Gefährten, bringt mir
den Geliebten herbei,
bringt mir den Schönen,
der stets entflieht!
Mit holden Liedern, goldenen Vorwänden
lockt ihn ins Haus herbei,
den Glanz umgibt wie der Mond!
Wenn er verspricht, er käme
zur festgesetzten Frist,
ists nichts als List:
er führt euch hinters Licht!
Er hat einen brennenden Atem,
und mit seinem Zauber
schürzt er einen Knoten aus Feuer
und gebietet der Luft!
Wenn sein Glanz erstrahlt,
was soll neben ihm die Anmut der Ehrenhaften,
denn vor seinem Sonnenantlitz
erlöschen alle Lichter!

Ich habe ein Herz wie die Welt,
um schwere Berge zu tragen,
ich trage Berge und nicht Stroh,
befreie mich von dieser Tenne!
Wenn mein Haar zur Löwenmähne wurde,
so hat Erkenntnis es doch weiß gefärbt!
Ich bin das Mehl, nicht das Getreide,
wie kam ich nur in diese Mühle?
Denn in die Mühle kommt das Korn,
das ein Kind der Ähre ist,
doch ich bin das Kind des Mondes,
nicht der Ähre, warum soll ich
in der Mühle sein?
Nein, o nein, auch in die Mühle
fällt durch die Luke Mondeslicht:
durch diese Öffnung reise ich
dem Mond entgegen –
nicht in den Laden des Bäckers!

Ich sagte dir: geh nicht dorthin,
denn dein Vertrauter bin ich;
in dieser Fata Morgana der Vergänglichkeit
bin ich die Quelle des Lebenswassers!
Wenn du im Zorn von mir gehst,
du wirst, nach tausend Jahren,
doch schließlich zu mir wiederkehren,
denn deine Grenze bin ich!
Ich sagte dir: ich bin dein Meer,
du ein Fisch darin,
geh nicht ans Land,
dein friedliches Meer bin ich!
Ich sagte dir: geh nicht, dem Vogel gleich,
in die Schlinge,
komm, denn die Kraft deines Flugs
und deiner Schwingen bin ich!
Ich sagte dir: sie werden dich überlisten
und ums Leben bringen,
denn das Feuer, der Herzschlag
und die Wärme der Luft bin ich!
Wenn in deinem Herzen eine Lampe brennt,
wisse, wo der Weg ist zu meinem Haus!

Wir stammen von oben,
streben nach oben,
wir stammen vom Meer,
streben zum Meer,
stammen weder von diesem
noch von jenem Ort,
wir stammen vom Ortlosen,
streben zum Ortlosen,
gleich der Woge haben wir
das Haupt erhoben,
dem Anblick unseres Innern
hingegeben!
Nun gedenke der Weggefährten
und der Karawanserei,
wisse, daß wir in jedem Augenblick
bereit sind aufzubrechen!
Den Tag unserer Ernte sieh,
o blinde Maus,
wenn du nicht blind bist: sieh,
mit welcher Hellsicht
wir streben!
Komm, Shamse-Tabrizi,
mit auf unseren Weg,
zum Berge Kaf und zum Vogel Phönix
gehen wir!

Geh, leg dein Haupt aufs Pfühl,
wende dich ab von mir,
dem Heimgesuchten, der nächtens wacht.
Ich bin im Taumel der Wogen
Tag und Nacht allein,
komm, wenn du willst,
nimm dies an oder geh und verwerfe mich.
Trenn dich von mir,
damit du nicht Leid erfährst wie ich.
Du siehst mich mit meinen Tränen
in einem Winkel gebeugt,
doch jede dieser Tränen
treibt hundert Mühlen an.
Mein Zwingherr ist unerbittlich,
er hat ein Herz aus Granit;
wenn zu töten ihn gelüstet,
fordert keiner Sühnegeld.
Strahlenden Königen mag Treue
nicht viel gelten,
aber du, von der Liebe Verzückter,
gedulde dich und bewahre Treue.
Es gibt einen Schmerz, vom Tod verschieden,
den nichts zu heilen vermag,
wie könnt' ich drum von dir erbitten,
jenen Schmerz zu heilen!
Gestern nacht sah ich im Traum einen Alten,
er winkte mir zu aus himmlischen Zonen:
«Wann brichst du auf zu uns?
Wenn Drachen dir den Weg verstellen:
Liebe ist ein Smaragd, dessen Glanz
den Drachen niederwirft!»

Verweile, glücklicher Freund,
damit mein Herz beschwichtigt sei,
den Namen des Geliebten verkünde mir!
Sei gütig, bewahre mein Geheimnis,
zerbrich nicht dieses Herz,
das Märchen vom Weinpokal verkünde mir!
Wenn du deine Gunst verweigerst,
laß die Tür der Hoffnung unverschlossen,
vom Dach des Hauses die Nachricht verkünde mir!
Gib, da du der Hüter des Paradieses bist,
ein Zeichen, eine Vorbedeutung,
die Botschaft der Liebe verkünde mir!
Genug vernahm ich die Klage des Gefangenen,
den die Schlinge hält:
die Fabel vom befreiten Vogel verkünde mir!
Und wenn du dazu nicht erbötig:
so wie die Nachtigall bisweilen
ein frankes Lied verkünde mir!
Und wenn dich bangt, der Menge mitzuteilen,
verborgen in der Alltagssprache
die Weisung verkünde mir!
Berichte nicht von Wegesmühen,
vom Fund berichte nur:
die Herrlichkeit des Zieles verkünde mir!
Wenn dein Gebet erhört ward
und dir noch Frist gelassen:
die Leiden des Geprüften,
der zur Reife fand, verkünde mir!
Beschreibe jenes Meer,
zu dem alle Seelen wiederkehren,
seine Unendlichkeit verkünde mir!
Wenn du Shamse-Tabrizi gesehen:
von seinem Mund als Nachklang
ein Wort verkünde mir!

O Pilgerschar, wo seid ihr, wo,
der Geliebte weilt hier, kommt denn, kommt!
Dein Geliebter wohnt in nachbarlicher Nähe,
welcher Sehnsucht folgt ihr,
in der Wüste irrend?
Wenn ihr von Angesicht zu Angesicht
den Geliebten sähet,
wäret ihr selbst das Haus,
der Pilger und der Wallfahrtsort!
Hundert Mal seid ihr in jenes Haus gezogen,
auf seinen Söller geht einmal hinaus!
Gebt erst dem Spiegel den reinen Glanz,
wenn euer Ziel das innere Haus!
Das Heiligtum könnt ihr entbehren,
wenn ihr euch rüstet für dieses Haus,
ihr müßt der keuschen Kutte euch begeben!
Zählt nicht die Wunder auf von jenem Haus,
gebt vom Besitzer uns ein Zeichen!
Wenn ihr den Garten kennt, wo ist der Blumenstrauß,
wie könntet ihr die Perle finden,
da ihr getrennt vom Meere seid!
Euer Leid könnt' sich in Reichtum wandeln,
doch ihr verdeckt euch selbst den eigenen Hort!
Lüftet den Schleier einen Spalt nur,
wisset, daß ihr Könige und nicht Bettler seid!
Ein verborgener Schatz seid ihr
in dieser Staubesmasse,
erscheint wie der Mond erscheint
aus dunkler Wolkenkette!
Der Weltenfürst, der Tabriz zum Ruhm gereicht,
offenbart Gesichte, die euch erheben!
Von den Strahlen seiner Seele
empfangen die zwei Welten Licht,
in welchen Formen wollt ihr
die wunderbaren Bilder zeigen!

Dein Leid ist um dessentwillen,
der dir Genesung gibt.

Laufen
wie ein Schatten
ohne Füße.

Du bist sehend, die anderen blind:
allseits ein Licht,
im Zeichen der Geburt,
in jeder Wolke tausend Sonnen.

Eine Flur, zu der alle Zuflucht nehmen,
noch fern vom Herbst, ihre Blumen
noch unverblüht,
ein Baum in der Wildnis,
weitverzweigt und voller Fabeln,
der dich mit seinem Schatten hält,
ein Himmel, gütiger als alle,
der die Sterne nicht zum Kampfe
gegenüberstellt,
ein Edelstein aus reinem Steinbruch
am Niemandsort,
den die Tränen aus deinen Augen meinen!

Dein Rang richtet sich nach jenem Maß,
das das Zünglein deiner Waage
erbeben läßt.

Die Welt gleicht einem zugefrorenen Bach,
doch sie ist fließend.

Nachts ist unser Auge
vom Monde leer,
doch tags
vom Mond erfüllt.

Der Fuß erkennt
den ihm zugehörigen Schuh
auch in der Dunkelheit.

In einer Haselnuß
offenbarte sich mir ein Garten
in klaren Umrissen,
ich fand das Firmament
in einem Stern:
kannst du das erklären?

Wohin soll ich gehn,
welche Flut suchen,
wenn ich auf dem Grund
des Baches bin;
was kann ich noch sagen,
wie das Wesen
des strömenden Wassers beschreiben?

Im Haus des Herzens
kannst du die Säule
dieser säulenlosen Welt gewahren,
die um seine Geheimnisse kreist,
sonst würde die wandelnde Welt
stillestehn.

Du schließt deine Augen und sagst:
Wo ist der helle Tag?
Die Sonne klopft an deine Lider
und sagt: Hier bin ich, öffne die Tür!

Ich erschuf dich aus einem Feuer
und gab dich zurück
einem anderen Feuer.
Du wurdest aus meinem Herzen
geboren wie ein Wort,
und wie ein Wort
verschweige ich dich zuletzt.

Leichter bist du als der Atem,
den die Brise bringt,
keiner wird des Atems müde,
keiner, Liebster, will ihn entbehren!
Drum vermehre deinen Atem,
damit der Balg sich fülle,
auf dem ich reitend, von deinem
Atem getragen, das Meer befahre.

Lejli und Majnun
ziehen mich an den Ohren:
die eine in diese,
der andere in jene Richtung,
ein Ohr in dieser, ein Ohr
in jener Hand,
die eine zieht mich zum Meer,
der andere zu der Wildnis hin:
in diesem Zwiespalt
drehe ich mich wie die Erde
klagend um mich selbst.

Aus den Aufzeichnungen des Rumi

Das Herz
ist nicht wie die Taube,
die, wenn sie auffliegt,
sich wieder niederläßt.

Wenn wir vom Dachfirst
auffliegen,
führt uns kein Flug
zurück.
     Araghi

Ich blickte in mein eignes Herz,
da sah ich ihn, an keinem andern Ort war er.
          Rumi

Des Sufi Wissen ist nicht Belesenheit,
sein Herz rein, nicht anders als Schnee.
Die Wegzehrung des Gelehrten mögen Werke sein,
die Wegzehrung des Sufi ist die Zeichensprache.
So wie der Jäger der Beute nachstellt,
folgt er den Spuren der Gazelle:
Eine Zeitlang ists die Fährte, die ihn leitet,
dann ists der Moschus, der ihn berauscht.

Zwei Männer befanden sich zur Fastenzeit auf der Wanderung. Der Jüngere von ihnen wies zum Himmel und sagte: «Oh Meister, sieh den zunehmenden Mond.» Der Meister, der am Himmel keinen Mond sah, sagte: «Dieser Mond ist deinen Gedanken entstiegen, sonst würde auch ich ihn sehen, der ich die Zeichen des Himmels kenne. Netze deine Finger mit Wasser und streiche sie über deine Brauen, dann schau noch einmal empor.» Als der Jüngere seine Brauen befeuchtet hatte, sah er nicht mehr den Mond. Er sagte: «Oh Meister, der Mond ist verschwunden, er ist unauffindbar.» Der Meister erwiderte: «Ja, ein Haar der Braue wurde zum Bogen, der den Pfeil der Einbildung auf dich richtete. Die Krümmung eines Haares genügt, um irregeführt zu werden.»

Der Mensch wird notwendigerweise durch die Gedanken, die er an eine Sache heftet, zu dieser Sache geführt, die Vorstellung eines Gartens führt ihn zu einem Garten, die Vorstellung eines Kaufladens zu einem Kaufladen. Doch in dieser Vorstellung ist Täuschung verborgen: siehst du denn nicht, daß du an einen Ort gehst, und du bereust, dorthin gegangen zu sein, weil du glaubtest, daß er günstig sei und findest dann, daß er sich nicht mit deiner Vorstellung deckt? Diese Vorstellungen gleichen einem Zelt, das etwas verbirgt. Erst wenn die Vorstellungen schwinden und sich die Wahrheit ohne die Hüllen der Vorstellung offenbart, ist es der Jüngste Tag. Wo das geschieht, bleibt keine Reue übrig, jede Wahrheit, die dich anzieht, wird nichts anderes als diese sein, sie wird einzig und allein jene Wahrheit sein, die dich angezogen hat.

Ein Derwisch wurde vom Teufel in Versuchung geführt, Allah nicht mehr anzurufen, und zwar aus dem Grunde, weil Allah nie geantwortet hatte: «Hier bin Ich.»
Der Prophet Chadir erschien dem Derwisch in einer Vision mit einer Botschaft Gottes: «Habe ich dich nicht zu meinem Dienst berufen? Habe ich dich nicht veranlaßt, dich mit meinen Namen zu befassen? Daß du ‹Allah› gerufen hast, war ja schon mein «Hier bin Ich!»

Man berichtete von einem Lehrer, der aus Armut im Winter ein Kattunhemd trug. Im nämlichen Winter hatte Hochwasser von den Bergen einen Bären mitgerissen, der vorübertrieb, den Kopf in der Flut. Kinder bemerkten seinen Rücken und sagten: «Meister, im Fluß treibt ein Fell, und du frierst, hole dir doch das Fell.» Der Lehrer, in seiner Not und Dürftigkeit, sprang in den Fluß, um das Fell zu erwischen. Da spürte er den Prankenhieb des Bären und wurde hart von ihm bedrängt. Die Kinder riefen vom Ufer: «Meister, bring das Fell, und wenn es dir nicht gelingt, dann laß es fahren und komme selbst.» Der Lehrer rief zurück: «Ich will ja das Fell freigeben, aber das Fell will *mich* nicht freigeben.» So entläßt auch die Leidenschaft Gottes dich nicht.

Glücklich jener, für den die Welt um seiner Ordnung willen geschaffen wurde – nicht er um der Ordnung der Welt willen.

Lust liegt darin, daß die Blumen erblühen und aus den Knospen sich entfalten – ebensolche Lust liegt darin, daß die Blütenblätter verwehen und zu ihrem Ursprung zurückkehren.

Jemand meinte, daß Rumi schweigsam sei. Rumi sagte: «Diesen Menschen hat das Bild, das er sich von mir gemacht hat, zu mir geführt. Dieses Bild von mir hat ihm nicht gesagt, ich sei so oder so: ohne Worte hat die Vorstellung oder Idee ihn hierher gezogen. Wenn meine Wahrheit ihn wortlos anzieht und an einen Ort leitet, dann ist das nicht verwunderlich. Das Wort ist der Schatten der Wahrheit und ein Zweig der Wahrheit. Wenn der Schatten anzieht, um wieviel mehr die Wahrheit, das Wort ist nur ein Vorwand. Es ist der vermittelnde Dämon, der die Menschen gegenseitig anzieht, nicht das Wort. Auch wenn der Mensch tausend Wundertaten sähe und unerhörte Reden vernähme: sie würden ihm nicht nützen, wenn in ihnen nicht der Dämon wäre. Dieser Dämon ist es auch, der den Menschen mit Unruhe und Taumel erfüllt. Nur wenn ein Bernstein im Stroh ist, häuft sich Stroh um ihn an, doch diese Beziehung zwischen ihnen ist verborgen und wird nicht offenbar.»

In der Welt gibt es *ein* Ding, das nicht zu vergessen ist. Wenn du alle Dinge vergessen solltest, jenes aber behältst, brauchst du nichts zu befürchten. Und wenn du dich aller Dinge vergewisserst und sie im Sinne behältst, jenes aber vergißt, dann hast du nichts vollbracht. Es wäre, als würdest du von deinem Gebieter in ein Dorf geschickt, um dort ein bestimmtes Werk zu vollbringen, du aber würdest hundert andere Arbeiten verrichten: solange du jenes Werk, das dir aufgetragen war, nicht ausgeführt hast, ist es, als hättest du nichts getan.

Wäre der Wind im Holz nicht innewohnend, dann würde das Feuer es sich nicht dienstbar machen, denn der Wind ist das Heu des Feuers.

Alle Dinge mußt du suchen, um sie zu finden, ausgenommen diesen Freund, den du, ehe du ihn gefunden hast, nicht suchen wirst.

Ich bin wie ein blühender Garten, von einer Mauer umschlossen, auf der Gestrüpp und Dornen wachsen. Der Vorübergehende sieht nicht den Garten, nur die Mauer und ihren Mißstand und bemäkelt sie. Warum sollte der Garten ihm zürnen? Die Mißbilligung schädigt nur ihn selbst, denn er muß sich mit der Mauer bescheiden, statt zum Garten zu gelangen. Er wird dem Garten fernbleiben, solange er sich bei dem Tadel der Mauer aufhält.

Einer fragt: «Was ist der Nutzen des Wortes?» Rumi antwortet: «Der Nutzen des Wortes ist der, daß es dein Verlangen weckt und dich erregt. Nicht daß durch das Wort Erfüllung zu finden wäre (wäre es so, bedürfte es unserer Anstrengungen und Mühen nicht), vielmehr ist das Wort solcherart als würdest du in der Ferne etwas Schimmerndes sehen und du gehst ihm nach, um seine Umrisse zu erkennen.»

Wenn Licht die ganze Welt überflutete – solange im Auge kein Licht ist, wird man jenes Licht nicht wahrnehmen.

Geh und frage nicht nach dem Nutzen, wenn ein Verlangen in dir ist. Du geh nur, und der Nutzen wird sich von selbst erweisen.

Der Körper ist wie die Jungfrau Maria und jeder von uns birgt seinen Jesus. In der Kenntnis des Schmerzes wird unser Jesus geboren; wo diese Kenntnis nicht ist, da kehrt Jesus auf jenem geheimen Weg, auf dem er kam, zu seinem Ursprung zurück.

Man tadelt seine Freunde, Fremde tadelt man nicht. Aus diesem Grund findest du Schmerz und Reue in dir: es ist dies der Beweis der Aufmerksamkeit und Freundschaft Gottes.

Der Koran sagt: «Der Gläubige ist der Spiegel des Gläubigen.» Aber er sagt nicht: «Der Ungläubige ist der Spiegel des Ungläubigen.» Nicht daß der Ungläubige keinen Spiegel hätte, vielmehr ist er unwissend vom Vorhandensein seines Spiegels.

Wenn Wind durchs Haus weht, dann lüpft er den Zipfel des Teppichs, macht die Vorhänge schaukeln, wirbelt Staub auf, wandelt die Oberfläche des Wassers im Becken in ein Panzerhemd, bringt die Bäume und Zweige und Blätter zum Tanzen. Alle diese Zustände sind verschieden und vielgestaltig, aber sie entspringen einer Wahrheit, denn sie wurden von der gleichen Ursache in Bewegung gesetzt.

Wenn du in deinem Bruder eine Schwäche siehst, dann ist es deine eigene Schwäche, die du in ihm siehst. Die Welt ist ein Spiegel, in dem du dein eigenes Bild siehst. Überwinde jene Schwäche, denn wie sehr du ihr auch zürnst, du zürnst dir selbst.

Ich bin ein Pirol, eine Nachtigall, ein Papagei. Wenn man mir sagen würde, ich solle anders singen, ich könnte es nicht, denn dies ist meine Sprache und außer ihr kann ich mich nicht erklären. Im Unterschied zu jenem, der den Gesang der Vögel gelernt hat, aber selbst kein Vogel ist, der ein Feind und Jäger der Vögel ist und Stimme und Pfeifen der Vögel nachahmt, so daß man ihn für einen Vogel hält. Wenn man ihm befohle, außer diesem Gesang einen anderen Gesang anzustimmen, er könnte es, denn jener Gesang war ihm nur geliehen und nicht sein innerster Besitz.

Wir diskutierten mit den Magieren, die behaupten, daß es zwei Gottheiten gebe, eine sei der Schöpfer des Guten und die andere der des Bösen. Nun zeige du uns das unvermischte Gute, damit wir ebenfalls erkennen, daß es einen guten und einen bösen Gott gibt. Doch das ist unmöglich, denn das Gute ist vom Bösen nicht zu trennen, denn sie sind keine Zweiheit und nicht voneinander zu scheiden.

Einer blickt nach einem Stern und findet seinen Weg. Richten die Sterne das Wort an ihn? Nein, aber sobald er den Stern erblickt, unterscheidet er im Weglosen den Weg.

Der Lauf der Seele ist geheim. Siehst du denn nicht, wie weit der Weg der Weintraube war, um süß zu werden? Aber ihr Weg wird nicht kenntlich, erst wenn sie reif geworden, zeigt sich, wie weit sie gehen mußte, um diesen Zustand zu erreichen.

Majnun hatte sein Haupt gebeugt und sah zu Boden. Man fragte ihn: «Wann wirst du endlich dein Haupt erheben und aufblicken?» Er antwortete: «Ich fürchte, Lejlis Liebe hat das Schwert gezückt, um mein Haupt zu fällen, wenn ich es erhebe.»

Wir sagten: «Die großen Männer finden sich bei Euch ein.» Er erwiderte: «Es ist schon lange her, daß sich keiner mehr bei uns einfindet. Wenn Leute kommen, dann finden sie sich bei jenem Gedanken ein, den sie hatten. Zu Jesus sagten sie: wir kommen in dein Haus, er antwortete: ‹Wo wäre je in dieser Welt mein Haus zu finden›.»

Das Wort ist nicht getrennt von dem, der des Wortes kundig ist: dauernd ist es zu ihm unterwegs und vereinigt sich mit ihm. Wenn im Winter die Bäume keine Blätter und Früchte tragen, meint nicht, daß sie nicht wirkend seien, sie sind es dauernd. Der Winter ist die Zeit der Einnahmen, der Sommer die der Ausgaben, die Ausgaben vermögen alle zu sehen, nicht die Einnahmen, die das Eigentliche sind und die Ausgaben ermöglichen. Wir sind mit dem, der mit uns verbunden ist, immerzu im Gespräch: im Schweigen, in der Abwesenheit und Gegenwart, selbst im Streit sind wir vermischt und vermengt. Auch wenn wir uns mit Fäusten schlagen, sind wir im Gespräch miteinander, eins und vereinigt. Du darfst jene Faust nicht äußerlich sehen, sie hält Korinthen verborgen. Öffne sie, wenn du mir nicht glaubst, um zu sehen, daß sie noch mehr als Korinthen, nämlich Perlen verborgen hält.

Ein Mann, verwundert über das Gerücht von einem sagenhaften Löwen, hatte sich von weither aufgemacht, um ihn zu sehen. Ein Jahr lang hatte er die Beschwernisse und Mühen der Reise auf sich genommen. Als er zu dem Wald kam, in dem sich der Löwe aufhielt und ihn aus der Ferne wahrnahm, vermochte er keinen Schritt weiter zu setzen. Man sagte ihm: «Du bist so weit gereist, um dem Löwen zu begegnen, der dem Unerschrockenen, der ihn mit Zärtlichkeit streichelt, kein Haar krümmt, aber den der Verzagte und Ängstliche ergrimmt, weil ihm Argwohn unwürdig erscheint. Willst du, nachdem du so lange unterwegs warst, jetzt aufgeben? Sei beherzt und gehe zu ihm.» Aber der Mann hatte nicht den Mut, einen Schritt weiter zu setzen. Zwar hatte er viele Schritte getan, die leicht gewesen waren, doch vor dem wichtigsten Schritt hatte er versagt: dem gegenüber der Wahrheit.

Obschon das Licht Helligkeit verbreitet, ist es der Begleiter der Sonne; wenn sie untergeht, bleibt auch die Helligkeit nicht. Darum muß man zur Sonne werden, damit nicht der Schrecken der Trennung bleibt.

Ein Hungriger und einer, der übersättigt ist, betrachten das Brot. Der Satte sieht die verlockende Kruste, der Hungrige das Wesen des Brotes, denn das Brot ist wie ein Becher und sein Genuß wie Wein in diesem Becher. Diesen Wein kannst du ohne Begeisterung nicht schmecken. Die Begeisterung gilt es zu gewinnen, um die Liebe zu sehen, die das Universum zusammenhält.

In einer Phiole ist Moschus und ihr Hals ist eng. Du kannst deine Finger hineinstecken, aber du kannst den Moschus nicht herausholen. Dennoch wird deine Hand duftend werden, und der Duft wird dich betäuben.

Darüber, daß das Wort höher ist als ich und ich ihm verpflichtet bin und untertan, bin ich froh.

Du sagst, du habest deinen Wasserschlauch mit dem Meer gefüllt und der Wasserschlauch enthalte das Meer. Das ist töricht, wenn du sagen würdest: mein Wasserschlauch ist im Meer untergegangen – das wäre angemessen.

Wenn der Sufi sagt: «Ich bin Gott», meinen die Leute, das sei ein überheblicher Anspruch. «Ich bin Gott», zeugt von ungeheurer Demut, denn jener, der da sagt: «Ich bin Gottes Knecht», weist zwei Leben nach, sein eigenes und Gottes Leben. Aber jener, der «Ich bin Gott» sagt, hat sein Leben ausgelöscht. Das heißt, er sagt: Er ist alles, es gibt nichts außer Ihn, ich bin ganz von Ihm umfangen. Hierin liegt größere Demut, und das wird von dem Menschen nicht begriffen. Wenn sich ein Mann Gott unterwirft, dann ist immer noch seine Leibeigenschaft eine Schranke, zwar sieht er Gott, doch er sieht auch sich selbst. Darum ist er nicht gänzlich in der Flut versunken, derjenige ist ganz in der Flut versunken, in dem keinerlei Bewegung ist, aber dessen Bewegung die Bewegung der Flut ist.

Der Gedankenschöpfer ist komplizierter als sein Gedanke. So wie der Architekt, der ein Haus baut: letztlich ist er subtiler als das Haus, das er gebaut hat, denn es ist ihm gegeben, noch viele gleiche und andere Häuser zu bauen und neue Pläne zu entwerfen. Darum ist er bedeutender als sein Werk, aber dieser Wert wird nicht offenbar, es sei denn durch ein Bauwerk oder eine Tat, die in der Welt der Schönheit in Erscheinung treten, damit jener Wert sich enthülle.

Dieser Atem ist im Winter sichtbar, doch unsichtbar im Sommer, nicht weil im Sommer der Atem unterbrochen wäre, sondern weil der Sommer zart ist, wird auch der Atem nicht sichtbar, im Unterschied zum Winter.

Eine große Karawane war unterwegs ohne eine Ansiedlung oder Oase zu finden. Schließlich stieß sie auf einen Brunnen, der keinen Schöpfeimer hatte. Man trieb einen Kübel auf, den man an einem Seil hinabließ, als man ihn heraufziehen wollte, entdeckte man, daß das Seil durchschnitten war. Man versuchte es noch einmal mit einem anderen Gefäß, wieder war das Seil durchschnitten. Nun wurden einige Reisende der Karawane in den Brunnen hinabgelassen, aber auch sie kamen nicht wieder herauf. Unter ihnen befand sich ein alter Mann, der hinabgeseilt zu werden begehrte, man befolgte seinen Wunsch. Als er auf dem Boden des Schachtes angelangt war, erschien ein unheimlicher Geist vor ihm. Der alte Mann sagte sich: ich bin verloren, wenn ich jetzt nicht gefaßt bin und mich beherrsche. Der Geist sprach zu ihm: «Du bist mein Gefangener, für dich gibt es keine Rettung, es sei denn, du weißt die richtige Antwort auf meine Frage.» Dann frage, sagte der alte Mann. Der Geist fuhr fort: «Welcher Ort ist der beste?» Der alte Mann sagte sich: ich bin diesem Geist ausgeliefert. Wenn ich Bagdad oder einen anderen Ort nenne, dann ist es als würde ich seinen Wohnplatz herabsetzen. Darum sagte er: «Der beste Ort ist der, wo der Mensch einen Gefährten hat, selbst wenn er tief unter der Erde wäre, selbst wenn er in einem Mauseloch ist.» Der Geist erwiderte: «Gut geantwortet, du bist frei. Wenn es in der Welt einen Menschen gibt, dann bist du es. Nun will ich dich und deine Gefährten durch deine Barmherzigkeit freilassen.» Und er spendete der Karawane Wasser im Überfluß.

Wenn du eine Geliebte gefunden hast und sie sich in deinem Haus verbirgt und dich bittet, du mögest sie vor Fremden schützen, weil sie dir alleine angehört, wäre es dann billig, du würdest sie in den Bazar führen und allen Leuten sagen: Seht, das ist meine Geliebte? Nie würde deine Geliebte dem zustimmen, sie würde sich von den Neugierigen abwenden und dir zürnen, weil der Allmächtige solche Handlung verbietet. So wie jene, die in der Hölle sind, mit jenen, die im Paradies sind, hadern: wo bleibt eure Güte und Hochherzigkeit? Was würdet ihr verlieren, wenn ihr von den Gaben, die euch der Schöpfer austeilte, uns aus Mitleid ein Almosen spendet? Die Paradiesbewohner würden antworten: jene Gaben hat euch Gott versagt. Der Samen dieser Gnade ist im Haus der Welt, doch wie könntet ihr hier ernten, wenn ihr dort nicht bestellt habt? Und wenn wir euch aus Großmut von unserem Teil geben würden, es würde in euren Kehlen brennen und euch verderben, weil Gott es euch versagt hat.

Zu der Lebenszeit Mohammeds, des Propheten, lebte ein Heide, der einen islamischen Sklaven hatte. Als sie eines Tages auf dem Weg zum Bade waren, kamen sie an einer Moschee vorbei, in der Mohammed mit seinen Gefährten betete. Da sagte der Sklave: «Oh Herr, laß mich dieses Bündel einen Augenblick abstellen und eine doppelte Kniebeuge verrichten, dann will ich flugs den Dienst wieder aufnehmen.» Sein Herr gewährte ihm die Bitte, und er ging in die Moschee und betete dort. Kurz darauf verließ Mohammed mit seinen Jüngern die Moschee und der Sklave blieb allein in der Moschee zurück. Sein Herr wartete vergeblich auf ihn bis zum Abend. Er rief ihn und bekam Antwort, daß man ihn, den Sklaven, nicht entlasse. Daraufhin betrat er selbst die Moschee, um zu sehen, wer den Sklaven nicht freiließ, doch außer einem Paar Schuhe und einem Schatten konnte er nichts bemerken, auch regte sich nichts im Raum. Er rief noch einmal: «Wer ist es denn, der dich nicht hinausläßt?» Und man antwortete ihm: «Jener, der dich nicht hineinläßt, ist es, er ists, den du nicht siehst.» Der Mensch begehrt stets das zu sehen und zu hören, was er noch nicht gesehen und gehört und erfahren hat.

Aus den überlieferten Reden des Shamse-Tabrizi

Benutze dein Leben in der Erforschung deines Zustandes, verschwende es nicht in der Erforschung des Zustandes der Welt. Ist die Kenntnis Gottes tief? Du Narr, du bist tief, wenn es eine Tiefe gibt, dann ist es deine.

Einige sind die Chronisten der Offenbarung und einige die Wiege der Offenbarung. Bemühe dich, beides zu sein: sowie die Behausung als auch der Aufzeichner der Offenbarung.

Wer ist ein Imam? Was soll ich mit einem Imam? Wir sind selbst Imame. Der Meister antwortete: «Das ist nicht recht, was du sagst. Du bist der Imam der anderen, die anderen sind deine Imame.»

Seit meiner Kindheit hatte sich etwas Merkwürdiges mit mir begeben: ich wurde von keinem verstanden, auch mein Vater konnte meine Verfassung nicht begreifen. Er sagte: «Du bist zwar nicht verrückt, aber deine Denkweise ist mir ein Rätsel.» Ich erwiderte ihm: «Laß dir ein Gleichnis erzählen, Vater. Wir sind einander ähnlich wie Enteneier, die man einer Henne unterstellt hat; nachdem sie ausgebrütet und größer geworden sind, gehen die Entenküken mit ihrer Mutter zum Bach und springen ins Wasser, aber ihre Mutter kann ihnen nicht folgen. Ich sehe das Meer, es ist mein Pferd, mein Inneres und Äußeres geworden. Bist du mir zugehörig oder bin ich dir zugehörig? Werfe dich in dieses Meer oder bleibe am Ufer und gehe den Hennen nach.»

Als Bajasid nach Mekka pilgerte, begehrte er allein und ohne Begleiter zu reisen. Eines Tages sah er auf dem Weg einen Mann, der vor ihm ging. Er beobachtete dessen leichten Gang und zögerte, ob er die Bürde des Alleinseins weiter tragen oder sich dem Mann anschließen solle, der so schwerelos ausschritt. Dann sagte er sich wieder, daß seine einzige würdige Gesellschaft Gott sei, doch hatte ihn der Andere so in Bann gezogen, daß er nicht wußte, ob er den Gefährten oder die Einsamkeit wählen sollte. Da drehte sich jener Mann um und sagte: «Zuerst solltest du herausfinden, ob ich zustimme, daß du mich begleitest.» Bajasid war bestürzt, daß der Andere seine Gedanken erraten hatte, der nun seine Schritte beschleunigte und bald enteilt war.

Du wirst dahinziehn freudig, wenn du dich selbst gefunden hast. Wenn du einen anderen findest, umarme ihn. Und wenn du keinen anderen findest, dann umarme dich selbst.

Da ich eine Botschaft habe, die ich weitergeben muß – auch wenn sich mir die ganze Welt in den Weg stellen sollte, daß ich sie nicht sage: noch nach tausend Jahren wird dieses Wort den erreichen, für den ich es bestimmt habe.

In einer Zusammenkunft wurde angeordnet, daß die Anwesenden zur Übung der Konzentration den Kopf auf die Knie legen sollten. Nach einer Weile der Einkehr rief einer: «Ich habe die höchsten Himmelszinnen erblickt.» Ein anderer rief: «Mein Blick ging weiter als bis zum Himmelsthron und fiel in die Tiefen des Weltraums, wo das Nichts ist.» Und einer rief: «Ich erblickte jedes einzelne Barthaar des Mannes Atlas und die Engel, die diesen bewachen.» Doch ich, ich sehe, so weit ich auch blicke, nur mein eigenes Unglück.

Der Torhüter fragte: «Wer bist du?» Er sagte: «Das ist schwer zu beantworten, laß mich nachdenken.» Nach einer Weile sagte er: «Vor langer Zeit lebte ein großer Mann, sein Name war Adam, ich bin eines seiner Kinder.»

Er fand den Plan eines Schatzes, auf dem angegeben war, wo er zu finden wäre: man müßte sich zu einem bestimmten Friedhof begeben, sich hinter einen bestimmten Torbogen stellen, das Angesicht gen Osten und einen Pfeil an den Bogen legen, dort, wo er niederfiele, läge der Schatz. Er ging und schoß seine Pfeile, bis er entkräftet war, doch fand er nichts. Diese Nachricht gelangte zum König, der Bogenschützen beauftragte, die sehr weit zu schließen verstanden, doch auch ihre Pfeile brachten sie der Spur nicht näher. Als er sich an den Meister wendete, wurde er erleuchtet: «Es wurde nicht mitgeteilt, daß der Bogen zu spannen sei.» Er nahm den Pfeil, legte ihn an den Bogen und ließ ihn fallen: dort fand sich der Schatz.

Du wirst den Schweiß dessen annehmen, mit dem du sitzest und Umgang pflegst.

Bei einigen ist das Kleid der Sündhaftigkeit entliehen, also eine Fälschung, bei einigen das Kleid der Rechtschaffenheit.

Zur Vertiefung des Verständnisses wiederholte ich meine Rede. Sie spotteten und sagten, daß ich aus Untauglichkeit meine Rede wiederhole. Ich erwiderte ihnen: Es ist eure Untauglichkeit, mein Wort ist wahr und schwierig: auch wenn ich es hundert Mal wiederholte, es würde jedesmal anders ausgelegt werden, doch seine ursprüngliche Bedeutung bleibt rein und unverletzt.

Nenne den Schlaf der Diener Gottes nicht Schlaf. Eher ist er wie die Wirklichkeit des Wachseins, denn es gibt Dinge, die uns wegen unserer Hinfälligkeit und Schwäche während des Wachseins nicht offenbart werden, aber im Schlaf vermögen wir sie zu sehen und zu ertragen. Und wenn wir wissend geworden sind, werden sie uns ohne Schleier gezeigt.

Bevor Ebrahim Adham auf sein Königreich Balch verzichtete, verlangte es ihn, den Weg des Sufis zu gehen, und er gab seine Güter auf und setzte sich Entbehrungen aus. Eines nachts, als er schlaflos in seinem Bett lag, hörte er Wächter, die Trommeln rührten und Hörner bliesen. Und er sprach zu sich selbst: «Welchen Schutz könntet ihr geben, denn es gibt keinen Schutz, es sei denn die Obhut Seiner Gnade.» Mit diesen Gedanken wälzte er sich in seinem Bett, und Ruhelosigkeit peinigte sein Herz. Da vernahm er plötzlich auf dem Dach des Schlosses den Lärm von eilenden Schritten, als würde ein Trupp über das Dach marschieren. Er sprach zu sich selbst: «Wo sind die Wächter, sehen sie denn nicht, wer auf dem Dach läuft?» Und der Schall der heftigen Schritte ließ ihn vor Schreck erstarren, so daß er sich und das Haus vergaß und unfähig war, die Wächter um Hilfe zu rufen. In diesem Augenblick beugte sich jemand vom Dach in sein Gemach herab und sagte: «Wer bist du da auf dem Bett?» Er antwortete: «Ich bin der König, wer seid Ihr?» Man erwiderte ihm: «Wir haben einige Kamele verloren und suchen sie auf dem Dach dieses Schlosses.» Ebrahim Adham sagte: «Narren, ihr habt Kamele verloren und sucht sie auf dem Dach des Schlosses, ihr sucht sie hier?» Man erwiderte ihm: «Sucht man Gott auf dem Bett des Königreichs, du suchst ihn hier?»

Geduld bedeutet, daß man immer weitblickend das Ziel im Auge behält, Ungeduld bedeutet, daß man kurzfristig nicht die Bestimmung begreift.

Für einige habe ich keine Hoffnung, daß sie vor der Reue zur Besinnung kommen.

Der Schejch stieß auf seinem Weg auf einen Kadaver, seine Begleiter hielten sich die Nase zu, wandten sich ab und eilten vorbei. Der Schejch hielt sich weder die Nase zu noch wandte er sich ab. Man fragte ihn: «Was betrachtest du?» Er sagte: «Die Zähne dieses Kadavers sind weiß und unversehrt, und außerdem gibt jener Kadaver auch Antwort auf seine Weise.»

Nichts vermochte die Derwische während ihrer Zusammenkunft zu beleben. Da sagte der Schejch: «Unter uns befindet sich ein Eindringling.» Man forschte umher, fand aber niemanden. Darauf sagte der Schejch: «Durchsucht die Schuhe.» Man fand ein Paar Schuhe, die keinem gehörten. Der Schejch sagte: «Tragt die Schuhe aus dem Haus hinaus.» Prompt wurde die Zusammenkunft heiter.

Ein Kamel und eine Ameise gingen des Weges und gelangten an eine Wasserstelle. Die Ameise wich zurück. Das Kamel sagte: «Was ist?» Die Ameise antwortete: «Es ist das Wasser.» Das Kamel setzte den Fuß ins Wasser. «Komm», sagte es, «es ist leicht, das Wasser reicht nur bis zum Knie.» Die Ameise antwortete: «Dir reicht es bis zum Knie, mir steigt es turmhoch über den Kopf.»

Man sagte zu Sohrwardi: «Du kannst Ihn nicht sehen, das liegt nicht in deiner Kraft, es sei denn, daß du deine Klausur aufgibst und dich unter die Menschen begibst; mag sein, daß Er dich dann sieht und Seine Aufmerksamkeit auch dich durchdringt.»

Dinge gibt es, die ich nicht auszusprechen wage, nur ein Drittel davon habe ich gesagt.

Wir haben die Fähigkeit der Mitteilung noch nicht erreicht, hätten wir wenigstens die Fähigkeit der Wahrnehmung. Alles muß gesagt und alles muß vernommen werden. Die Herzen und Zungen und Ohren sind noch versiegelt.

Liebende sehen die Dinge so, wie sie wirklich sind. Denn sie sehen mit der Klarheit des göttlichen Lichts, und ihre Liebe spricht die Mängel frei.

Was ist Denken? Die Vergangenheit verstehen, um zu prüfen, ob jene, die vor uns waren, Nutzen aus dieser Tätigkeit zogen oder nicht. Und ebenfalls in die Zukunft blicken, um zu prüfen, zu welchen Folgen diese Tätigkeit führt. Nur der kann das Gewesene und Kommende betrachten, dem durch seine Bindung an diese Welt keine Grenzen gesetzt wurden.

Ein Moslim wird man nicht, wenn man sich dazu bekehrt. Man muß ein Moslim sein und die Verleugnung kennen und wieder zum Moslim werden. Und jedes Mal werden die Vorspiegelungen uns eine Unterweisung sein, bis wir zur Reife wachsen.

Und wenn du zum höchsten Himmel stiegest, du hättest keinen Gewinn. Und wenn du den Gottesthron erstiegest und bis zum Kern der Erde vordringen würdest, du hättest keinen Gewinn. Zuerst muß die Tür des Herzens geöffnet sein.

Sie machen viel Wesens von jenem Mann und behaupten, daß er nur Güte sei, durch und durch gütig. Sie wähnen mitnichten, darin läge Vollkommenheit. Jener, der nur gütig ist, ist mangelhaft. Man muß beides sein: gütig als auch heftig.

Jeder, der dir sagt: «Jener hat dich gelobt», erwidere ihm: «Du lobst mich und nimmst jenen zum Vorwand.» Jeder, der dir sagt: «Jener beschimpft dich», erwidere ihm: «Du beschimpfst mich und nimmst jenen zum Vorwand.»

Wenn du mich gesehen hast, wie könntest du dich dann selbst betrachten? Und wenn du meiner gedenkst, wie könntest du dich deiner selbst entsinnen? Wenn du mich kennst und mich erblickt hast, wie könntest du dich des Unglücks erinnern? Wenn du mit mir bist, wie könntest du mit dir selbst sein, und wenn du mein Gefährte bist, wie könntest du dein eigener Freund sein?

Ein Einsiedler lebte in den Bergen, er war selbst ein Berg, war kein Mensch mehr. Wenn er ein Mensch gewesen wäre, hätte er unter Menschen gelebt, die der Vernunft und des Wahns befähigt und der Kenntnis Gottes würdig sind. Was hätte er in den Bergen zu suchen? Was hat der Mensch mit Steinen zu schaffen? Sei unter den Menschen und sei allein.

Du bist jener, der auf das Bedürfnis angewiesen ist. Du bist nicht jener, der Bedürfnislosigkeit und Fremdheit gezeigt hätte. Das war dein Feind.

Er fragte den Freund, ob er sein Gebet verrichtet hätte. «Ja», erwiderte dieser.
Er atmete tief ein, und als er ausatmete, war ein Seufzen in seinem Atem, unendlich begütigend.
Sein Freund sagte: «Alle Gebete meines Lebens gebe ich dir, gib du mir diesen Seufzer.»

Die Unerschrockenen dieser Welt gleichen Rostam in seiner Verwegenheit, als er dem weißen Riesen, der ihn mit der Frage emporhob, wohin er ihn schleudern solle, sagte: «Wirf mich auf den Gipfel des Berges, damit meine Knochen auf dem Bergesgrat liegen und jene, die meinen Ruhm vernommen haben, nicht mit Verachtung auf mich blicken.»

Ich fand dich verlassen. Jeder ging einer Tätigkeit nach und sie erfreute und befriedigte ihn, einige befaßten sich mit der Seele, andere mit der Vernunft, wieder andere mit der Begierde. Ich fand dich ohne Gefährten. Alle Freunde wandten sich zu ihren Geliebten und ließen dich allein. Ich bin der Freund dessen, der allein ist.

Er klagte über seinen Sohn. Ich beruhigte ihn mit den Worten: «Er wird sich noch zum Guten ändern, er ist noch ein Kind. Was er jetzt ist, erschöpft nicht sein Wesen, so wie die unreife Traube sauer und die unfertige Pflaume bitter schmeckt, das kommt von der Unreife der Traube, von der Unreife, nicht von der Reife. Die heranwachsende Traube wird nie süß werden, es sei denn unter der Obhut der Sonne.»

Dieses Haus der Welt offenbart den Bau des Körpers des Menschen. Und der Körper des Menschen offenbart eine andere Welt.

Die Absicht des Vorhandenseins dieser Welt ist die Begegnung zweier Freunde, die sich ins Antlitz schauen, gottzugewandt.

Von einem Kind will ich dir erzählen. Er vernahm andere Worte, schon in den frühesten Jahren löste er sich von seinen Eltern, den ganzen Tag verbrachte der Knabe in Staunen über uns, den ganzen Tag saß er da, den Kopf auf die Knie gelegt, seine Eltern wagten nicht, ihn zu stören. Oft lauschte ich an der Tür, um zu hören, was er sprach. Diese Strophe hörte ich:
    Viele Liebende suchen deine Nähe
    und ziehen vorüber,
    sie weinen Blut aus ihrem Herzen
    und ziehen vorüber.
    Nur ich liege wie Staub immerzu
    auf der Schwelle deiner Tür,
    die anderen kommen und gehen
    und ziehen wie Wind vorüber.
Ich bat ihn:
«Wiederhole noch einmal, was du hergesagt.»
Er antwortete: «Nein».
Er starb mit achtzehn Jahren.

Ich sage nicht: sei Gott. Ich werde nicht lästern. Alles, was einen Namen hat, alle Pflanzen und Tiere und Mineralien, sowie die Zartheit des Äthers, sie alle schließt der Mensch in sich ein, während das, was den Menschen ausmacht, in jenen nicht zu finden ist.

Der Mensch faßt die ganze Welt in sich, wer sein «Selbst» erkannt hat, versteht alles. Der «Mongole» ist in dir, der «Mongole» bezeichnet die Eigenschaft der Gewalt.

Ich sagte: in mir ist eine Freude, die nicht von dieser noch von jener Welt ist, es sei denn die Freude deines Daseins. Er erwiderte: deine Freude stammt von jener Welt. Obschon jene Welt sich der Bewohner dieser Welt schämt, gewährt sie sich doch dem, der sie nicht beschämt.

Du sagtest, du hättest von deiner Trauer gesprochen, damit dein Herz von seiner Bürde frei sei. Du hast deinem Herzen die Trauer genommen, was wirst du ihm statt ihrer geben?

Mein Gedanke meint dich, wenn ich von der Kaaba spreche. Mein Gedanke meint die Schönheit deines Angesichts, wenn ich vom Tempel spreche. Wohin soll ich nun gehen, wo fände ich Befreiung? Ich bin einem berauschenden Trunk vermengt, einem Trunk in einem uferlosen Becher, Honig mag es sein, in dem man, je mehr man sich dreht, desto mehr versinkt.

Der Herr hat Leibeigene, deren Trauer und Freude niemand erträgt. Wer von dem Becher trinkt, den sie sich einschenken und in einem Zug leeren, verliert seine Sinne. Die anderen übermannt der Rausch beizeiten, während sie an der Seite des Kruges bleiben.

Die Vertrauten Gottes sind meist jene, deren Großmut verborgen bleibt, sie wird nicht jedem offenbar, so wie sie selbst in der Verborgenheit leben.

Ich bin jener Vogel, von dem es heißt, daß er an seinen zwei Beinen aufgehängt wurde: ja, ich wurde aufgehängt, aber es ist die Falle des Geliebten, in der ich hänge.

Als ich ein Kind war, wurde ich gefragt: «Warum bist du so betrübt, willst du denn ein Kleid aus silbernem Brokat?» Darauf erwiderte ich: «Wenn mir doch bloß auch dieses Kleid, das ich trage, genommen würde.»

Wenn du mir hundert Tausend Drachmen und Dinare und ein Schloß voller Schätze anbötest, würde ich auf deine Stirn schauen: wenn ich auf ihr kein Leuchten sähe und in deiner Brust keine Zuneigung fände, wäre für mich dein ganzer Reichtum nicht mehr wert als ein Haufen Spreu.

Ich saß in einem Winkel der Karawanserei, als mich jemand fragte: «Kommst du nicht in die Einsiedelei?» Ich antwortete: «Ich bin der Einsiedelei nicht würdig, sie ist für jene gedacht, die sich nicht verzehren, um zur Reife zu finden.» «Kommst du nicht in die Madrese zur Zusammenkunft?» «Ich bin nicht einer, der diskutieren kann, die Dinge, die ich wörtlich verstehe, würden es nicht verdienen, diskutiert zu werden. Und wenn ich in meiner eigenen Sprache diskutieren wollte, würde man mich nicht verstehen und ächten. Ich bin ein Fremder, und dem Fremden genügt ein Winkel in der Karawanserei.»

Wenn ich mich an das einfache Volk wende, dann mußt du aufmerksam zuhören, denn in dieser Redeweise stecken alle Geheimnisse. Wer meine Sprache mit der Begründung abweist, daß sie zu leicht und äußerlich sei, wird ihres Gewinns nie teilhaftig werden. Die meisten Geheimnisse werden in der «Volkssprache» gesagt.

NACHWORT

Dschalal ed-din Rumi wurde 1207 in Balch geboren und starb 1273 in Konya; allgemein wird er mit dem Ehrentitel *Maulana* (unser Herr) genannt. Sein Vater verließ seine nordostiranische Heimat um 1219, wahrscheinlich aus Furcht vor den herannahenden Mongolen. Die Überlieferung meldet, daß er mit seiner Familie auch nach Nischapur kam und dort mit Attar zusammentraf. Attar habe seinem Sohn eine glänzende Zukunft vorausgesagt und ihm ein Exemplar seines Werkes «Buch der Geheimnisse» geschenkt.

In Konya in Kleinasien, wo sich die Familie niederließ, wurde Rumi durch seinen Vater, einem angesehenen Prediger, in die theologischen Wissenschaften und nach dessen Tode auch in die Mystik eingeführt. Er selber wurde ein in Predigt und Lehre berühmter Geistlicher, der eine Schar von Schülern um sich versammelte und eine Reihe theologischer Schriften verfaßte. Rumi war zweimal verheiratet und hatte vier Kinder; sein Sohn Sultan Walad schrieb eine Biographie des Vaters, die der Orden der Maulawi-Derwische als Lebenszeugnis seines Begründers aufbewahrt.

Die Begegnung mit Shams ed-din Tabrizi (1244), einem damals über sechzigjährigen Wanderderwisch, gab Rumis Leben eine ungewöhnliche Wendung. Shamse Tabrizi trug den Beinamen «der Fliegende», nicht weil er irgendwohin, sondern einfach unterwegs war; er wurde auch *Zarduzi* (Goldstikker) genannt, weil er von den Tabrizerinnen Goldstickerei erlernt hatte. Gesellschaftlich gesehen gehörte Shams zu den Bettlern, Landstreichern und Verrückten. Für Rumi war dieser Mensch der Gegenpol, der ihn über die Bedingtheiten des Daseins hob und der Totalität des Lebens preisgab. Rumis Jünger sahen in Shams ein subversives Element und zwangen ihn schließlich zur Flucht. Rumi war darüber so verzweifelt, daß Sultan Walad ihn zurückholen mußte. Das wiederholte sich ein zweites Mal, beim dritten verschwand Shams auf geheimnisvolle Weise.

Aus dieser Begegnung mit Shams entstehen die Gedichte des Diwans; seine Gedichte teilt nicht er selbst mit, sondern der in ihm verkörperte Lehrer, der unter dem Tahallus Shams ed-din Tabrizi «Sonne von Tabriz» schreibt. Shams wird in Rumis Diwan zu einem Topos: an dieser Sonne, seinem Glück und Unglück, verbrennt der sie Rühmende. So wird jedes Gedicht zu einem Aufbruch, einem ekstatischen Augenblick, die Gedichte sollen in einer Art von Trance diktiert worden sein. In diesem Zustand pflegte Rumi, so wird berichtet, eine Säule zu umkreisen und Vers auf Vers zu deklamieren. Ein Sekretär schrieb sie nieder, und wahrscheinlich hat er sie später durchgesehen und überarbeitet.

Die Sprache Rumis ist subtil und von großer Luzidität zugleich. Daß dieser Autor auch ein Sprach-

begeisterter war, zeigen viele Ghasele, in denen er mit Möglicheiten innerhalb der Sprache experimentiert.

Die Gedichte des Diwans durchströmt die fortdauernde Sehnsucht, in der Fremdheit des «Geliebten» zu versinken*. Poesie ist für Rumi Aufhebung der Beschränkungen, die Wahrheit liegt nicht im rationalen Bereich, sondern in dem der Phantasie. Thema seiner Dichtung ist die Verherrlichung der Dinge unter der Sonne, der Dinge, die uns heimsuchen und der Dinge, die ein Rätsel bleiben.

Der Übersetzer versucht mit dieser Auswahl von Gedichten aus dem Diwan eine Ahnung von der Vielfalt und dem rauschhaften Taumel dieser «Lichtghasele» zu vermitteln. Der sufische Aspekt im Werk Rumis (ohne hier auf das Versepos *Masnawi manawi* einzugehen) sollte mit Aufzeichnungen aus dem Buch *Fihe mafih*, den Geschichten und Abhandlungen Rumis, berücksichtigt werden.

Zu ergänzen waren schließlich auch Gedanken von Shams ed-din Tabrizi selbst, um seine Philosophie zu erhellen.

Cyrus Atabay

*Zur stilkritischen Untersuchung des klassischen persischen Ghasels schreibt H. H. Schaeder: «Mit der Wendung der erotischen Poesie in die religiöse Sphäre gewinnt vor allem die Gestalt des Freundes eine ganz neue Bedeutung. Einmal werden der göttlichen Natur, die der Mystiker in sein Bewußtsein hinabzuziehen oder zu der er sich zu erheben strebt, alle die Eigenschaften und Epitheta des irdischen Geliebten beigelegt, während dieser nun als Manifestation (tagalli) der ewigen göttlichen Schönheit erscheint.» Hans Heinrich Schaeder: Die islamische Lehre vom vollkommenen Menschen, ihre Herkunft und dichterische Gestaltung. Zeitschrift der Deutschen morgenländischen Gesellschaft N. F. 4, Leipzig 1925.

BIBLIOGRAPHIE

Ausgewählte Gedichte aus dem Diwan-e-Shams. Herausgegeben von M. Reza Shafi'i Kadkani. Franklin Stiftung, 1974.

Fih-e-mafih. Aus den Aufzeichnungen des Rumi. Herausgegeben von B. Fourousanfar. Amir Kabir, 1970.

Die dritte Handschrift. Überlieferte Reden des Shamse-Tabrizi. Herausgegeben von M. H. Saheb-Zamani. Teheran, 1974.

Die Worte der Ameisen. Persische Mystik in Versen und Prosa. Herausgegeben und übertragen von Cyrus Atabay. Düsseldorf, 1971.

CYRUS ATABAY, geboren 1929 in Teheran, Schulzeit 1937-45 in Berlin, später in Zürich. Studium der Literaturwissenschaft in München. Lebte abwechselnd in Europa und im Iran. Seit der iranischen Revolution 1978 lebte er zunächst in London, seit 1983 in München. Atabay schreibt ausschließlich in deutscher Sprache und hat seit 1956 zehn Gedichtbände sowie kleine Prosa veröffentlicht; ferner Übersetzungen von Hafis, Omar Chajjam, u. a. Cyrus Atabay ist Mitglied der Bayerischen Akademie der Schönen Künste. Veröffentlichungen im Verlag der Eremiten-Presse: *Die Leidenschaft der Neugierde*, Gedichte. 1981; *Stadtplan von Samarkand*, Gedichte. Mit Original-Graphiken von Winfred Gaul, 1983; *Salut den Tieren*, ein Bestiarium. Mit Original-Graphiken von Bernhard Jäger, 1983; *Prosperos Tagebuch*, Gedichte. Mit Original-Graphiken von Winfred Gaul, 1985; *Die Linien des Lebens*, Gedichte. Mit Original-Graphiken von Winfred Gaul, 1986.

Übersetzungen (Eremiten-Presse): *Wie Wasser strömen wir*, die Rubaijat des Omar Chajjam. Mit Graphiken von Josua Reichert, 1984; *Mäuse gegen Katzen*, persische Fabel und Anekdoten von Obeyd-e-Zakani. Mit Original-Holzschnitten von Wolfgang Simon, 1986; Hafis *Offenbares Geheimnis*, Fünfzig Gedichte aus dem Diwan. Mit Graphiken von Josua Reichert, 1987.

WINFRED GAUL, geboren 1928 in Düsseldorf, lebt in Düsseldorf und San Andrea di Rovereto. Studium der Kunstgeschichte und Germanistik an der Universität Köln, Studium an der Kunstakademie Stuttgart bei Baumeister und Henninger. 1964 Villa Romana Preis, Florenz. Gastdozent an der Staatlichen Kunstschule Bremen, an der Bath Academy, Bath, und am College of Arts, Kingston upon Hull. 1984 Ernennung zum Professor durch den Minister für Wissenschaft des Landes Nordrhein-Westfalen. Zahlreiche Einzelausstellungen in renommierten Galerien und Museen des In- und Auslands (u. a. Berlin, Brüssel, Düsseldorf, Hamburg, Köln, New York, Rom, Venedig, Wien); 1973/74 große Retrospektive in München, Ludwigshafen, Bielefeld und Ulm. Teilnahme an vielen wichtigen Gruppenausstellungen u. a. Documenta 2 (1959) und Documenta 6 (1977) in Kassel. Arbeiten befinden sich in privaten und öffentlichen Sammlungen, z. B. Stedelijk Museum, Amsterdam; Sammlung Ludwig; Sammlung Sprengel; Museum of Modern Art, New York; Kunstmuseum Düsseldorf; Library of Congress, Washington D.C.
1988/89 große Wanderausstellung *Winfred Gaul. Arbeiten auf Papier 1955-1987* in Museen mehrerer deutscher Städte.

Die ersten Exemplare dieser Ausgabe
sind numeriert und signiert. Es erscheinen
hundert Exemplare numeriert von 1 bis 100,
von Cyrus Atabay und Winfred Gaul handschriftlich
signiert. Ferner hundert Exemplare numeriert von
I bis C, ebenfalls von den Autoren handschriftlich
signiert, zusätzlich mit einem lose beigelegten, signierten
Offsetlitho von Winfred Gaul. Die für den Druck
der Graphiken erforderlichen Filme wurden
von Winfred Gaul von Hand gezeichnet und
direkt auf die Druckplatten übertragen.
Gesetzt aus der Garamond Antiqua
bei Walter Hörner, Aachen.
Typographie und Gestaltung: Eremiten-Presse.
Druck von Rolf Dettling, Pforzheim.
Bindearbeiten von Emil Weiland, Karlsruhe.
© by Verlag Eremiten-Presse ·
Fortunastraße 11, D-4000 Düsseldorf 1
ISBN 3-87365-243-9
Erstausgabe
1988